...no Espagnol

ÉPISODE DE LA VIE INDUSTRIELLE

EN ESPAGNE

EN VENTE A PARIS :

IMPRIMERIE G. JEULIN

65, rue Sainte-Anne, 65

—

Prix : UN F...

189...

Un Panamino Espagnol

ÉPISODE DE LA VIE INDUSTRIELLE

EN ESPAGNE

EN VENTE A PARIS :

IMPRIMERIE G. JEULIN ET Cie
65, rue Sainte-Anne, 65

—

Prix : UN Franc

1896

Un Panamino Espagnol

L'histoire qui suit nous a paru digne d'être racontée parce qu'elle offre plusieurs enseignements.

Elle montre d'abord, et c'est là une vérité générale, les extraordinaires complications qui surgissent dans toutes les questions où la politique entre en jeu.

Elle fait voir ensuite à quel enchevêtrement de louches intrigues, à quels gigantesques efforts, à quelles capitulations de conscience, le désir de masquer une irrégularité initiale peut faire descendre des hommes de gouvernement.

Elle établit enfin que le proverbe d'après

6

lequel « les peuples n'ont que le gouvernement qu'ils méritent » est entaché d'erreur, car la robuste loyauté de la nation espagnole mérite mieux que des gouvernements qui, venus de droite ou de gauche, ne se retrouvent d'accord que sur un terrain où l'entente prend le nom, plus brutal, mais plus juste, de complicité.

Cette histoire met en cause des intérêts particuliers. Si l'on nous en faisait le reproche, nous répondrions tout d'abord que ces intérêts sont respectables et de premier ordre, puisqu'il s'agit d'une charge qui a lourdement grevé l'industrie minière espagnole ; nous ajouterions que le renouvellement, dans l'avenir, de faits semblables, aussi bien que leur immunité dans le passé, seraient de nature à décourager toutes les initiatives désireuses de mettre en valeur le riche sous-sol de la Péninsule. Nous dirions enfin que l'intérêt général n'est autre chose que la synthèse des intérêts particuliers, et que l'exemple, venu de haut, du mépris *d'un* droit permet de craindre le mépris *du* droit.

———

CHAPITRE PREMIER

Où l'on voit comment la prestidigitation est d'un précieux emploi en matière budgétaire.

Il advint qu'en 1893, un ministre des finances d'Espagne se trouva fort embarrassé pour équilibrer son budget. Le cas ne laisse pas d'être fréquent. La principale raison d'être des ministres des finances est de veiller sur cet équilibre obstinément instable. Autrefois, quand ils équilibraient trop, on les pendait, comme Enguerrand de Marigny ou d'Emery, quand on ne les enfermait pas, comme Fouquet. Aujourd'hui, lorsqu'ils n'équilibrent pas assez, on les renverse, les mœurs s'étant adoucies.

Les poids que les ministres, pour éviter le douloureux renversement, jettent dans leur balance budgétaire, ce sont les impôts. De là l'expression de « peser lourdement sur le peuple » qui s'applique aux taxes : il y a une logique dans tout.

La première chose que fait un ministre dont le budget penche du mauvais côté, c'est naturellement de chercher des poids. Ainsi fit M. Gamazo — l'avions-nous nommé ? — Il en trouva un, sous forme d'un impôt de rendement assez minime, à la vérité ; mais, en pareille matière, il n'y a pas de petits bénéfices. Il s'agissait de taxer les *Explosifs*. Pourquoi les explosifs plutôt que toute autre substance ? On pourrait répondre comme ce ministre à qui l'on demandait pour quelle raison il avait décoré un de ses amis : « — Pourquoi ? Mais parce qu'il ne l'était pas ! »

Bref, le projet d'impôt fut établi, soumis à la Commission du Budget, distribué au Parlement espagnol et soumis au vote de la Chambre.

La loi nouvelle établissait une taxe de 0 fr. 30 cent. sur les explosifs proprement dits, de 0 fr. 15 cent. sur les poudres de mines, et de 0 fr. 30 cent. sur les poudres de chasse. De plus, elle évaluait à environ 400.000 piécettes le produit total de l'impôt, et autorisait le ministre des finances à affermer les taxes pour pareille somme. Dans le cas où l'industrie des explosifs en Espagne eût voulu elle-même prendre ce fermage, le syndicat fermier devait comprendre la majorité absolue des membres de cette industrie.

La loi, étudiée par la Chambre, sur les documents distribués et approuvés par la Commission du Budget, fut votée sans encombre, au milieu du bruit des conversations particulières, et du léger dédain dans lequel doit honnêtement se noyer, au sein de toutes les assemblées parlementaires, un pauvre petit projet de loi de 400,000 piécettes, francs, lires, drachmes ou bolivars.

Seulement, après le vote, on s'aperçut qu'on se trouvait en présence d'un des phénomènes les plus curieux dont fasse mention l'histoire financière des différents pays. Ce phénomène, c'était un léger changement dans la rédaction de la loi, un simple chiffre substitué à un autre : Le prix de l'affermage était toujours de 400,000 piécettes, mais le chiffre de la taxe sur les explosifs, au lieu d'être de 0 fr. 30 cent. par kilogramme, se trouvait être d'une piécette toute ronde. Or, sans méconnaître que l'adoption inattendue de cette unité fût une grande simplification au point de vue de la comptabilité, on peut dire, sans être trop exigeant, que c'est la payer un peu cher que de l'acheter, — et malgré soi, — d'un triplement de l'impôt.

Expliquons tout de suite cette singulière et magique transformation des vils gros sous en argent pur : on découvrit, plus tard, que les documents qui avaient été approuvés par la Commission du Budget et distribués aux Chambres, avaient subi, lors de leur réimpression pour vote définitif, une altération de texte, et que les exemplaires ainsi renvoyés à l'imprimerie à la dernière heure portaient une correction *au crayon*, substituant le chiffre d'une piécette au chiffre de 0 fr. 30 cent. Nous n'étonnerons personne en disant que le disciple de Robert-Houdin à qui l'industrie minière d'Espagne est redevable de ce changement, a mis une modestie aussi obstinée que prudente à ne pas se faire connaître.

CHAPITRE II

Comment le tour d'escamotage relaté ci-dessus aboutit à une opération où un gain extraordinaire s'allie au plus extraordinaire désintéressement.

Le tour de magie blanche et financière que nous venons de relater appelle quelques brefs commentaires :

Le fait de présenter à un vote hâtif un projet rédigé suivant une forme et dans un esprit différents de la proposition étudiée par la Commission du Budget constitue, dans tous les pays parlementaires, une manœuvre que, par courtoisie, nous appellerons une surprise, mais que les esprits chagrins qualifieraient sans tergiverser de fraude caractérisée. Il ne faudrait pas qu'on vienne dire, après une pareille tricherie, que le peuple qui n'a pas fait justice immédiatement des fraudeurs est un peuple difficile à gouverner. Partout ailleurs, la loi votée eût été révo-

12

quée comme nulle dès la séance suivante, et le
ministre coupable d'avoir couvert, ne fut-ce que
par ignorance, une si flagrante filouterie budgétaire, eut été renvoyé pour toujours aux dou-
ceurs de la vie privée.

Or, rien de pareil ne s'est passé. Le vote a été
tenu pour acquis, et alors, on a vu cette chose
étrange : comme le chiffre seul de l'impôt avait
été changé, le produit des taxes triplait, et au-
delà, *sans qu'on augmentât proportionnellement
l'évaluation du rendement, sans qu'on majorât
d'un centime la somme fixée pour l'affermage.*

Sous le régime de la taxe de 0 fr. 30 cent.,
le prix d'affermage était de 400.000 piécettes : il
restait de 400.000 piécettes avec la taxe subrep-
ticement portée à une piécette. Cela seul suffit à
démontrer le caractère absolument délictueux
de la modification apportée à la loi. Il est bien
évident que si cette modification eût été norma-
lement demandée et honnêtement proposée, son
corollaire immédiat et nécessaire était l'élévation
du prix de l'affermage.

Or, quelle situation créait, au point de vue
du fermier, la loi ainsi sophistiquée ?

Le ministre des finances qui avait préparé

hâtivement son projet de loi pour boucher un trou, ne s'était pas donné le temps ou la peine de le baser sur des statistiques sérieuses. La chose eût été cependant suffisamment facile, puisqu'il n'y avait, pour se faire une idée du mouvement du commerce des explosifs, qu'à consulter les registres préfectoraux d'autorisations de transport dans les centres de fabrication. Si cette étude avait été faite, on aurait vu que, même avec une taxe de 0 fr. 30 cent., l'affermage pour 400.000 piécettes constituait déjà, pour les fermiers, une assez belle opération, puisque la consommation était d'environ 3 millions 1/2 de kilogr. Mais l'opération devenait absolument féerique avec une taxe de *une piécette*, — tellement féerique que les esprits chagrins dont nous parlions tout à l'heure pourraient se laisser aller à certaines insinuations.

Pour nous, nous ne les suivrons pas sur ce terrain, et nous dirons que la série d'opérations qui consiste à falsifier un projet, à surprendre un vote parlementaire, à tripler le revenu d'un affermage sans augmenter son prix, et à soutirer quelques millions annuels de la poche des contribuables, est parfaitement compatible avec le désintéressement le plus absolu. Oui, nous le dirons, — tout en nous félicitant de n'avoir pas à le démontrer.

CHAPITRE III

Qui est tout à fait encourageant pour les initiatives désireuses de consacrer des capitaux au développement de l'Industrie Espagnole.

Étant données les perspectives ouvertes par l'opération, on ne s'étonnera pas qu'un syndicat ait mis quelque hâte à se constituer pour jouir de ce placement de père de famille. Nous avons dit plus haut que ce syndicat devait comprendre la majorité des fabricants d'explosifs, immatriculés au mois d'août 1893. Il y en avait, à ce moment-là, 82 grands ou petits. La majorité absolue était donc de 42. Il y eut quelques difficultés ; les heures passaient. Les personnalités qui visaient le lucratif fermage avaient peur qu'il ne leur échappât. On constitua donc un syndicat (Gremio) composé de quatre ou cinq fabricants ou sociétés productrices, d'une demi-douzaine de petits poudriers, et pour le surplus de gens appartenant aux professions honnêtes, mais inattendues dans la circonstance, de charretiers ou d'ouvriers carriers : en tout, même en faisant donner cette réserve, vingt-deux personnes. C'était insuffisant. Mais les initiateurs du syndicat ne se découragèrent pas pour si peu : avec l'agrément du ministre, ils déposèrent non pas un cautionnement, mais une somme représentant une partie de l'annuité d'affermage : c'était reconnaître, au mépris de la loi, un Syndicat qui n'existait pas encore ; c'était consacrer, par un commencement d'exécution, un contrat sans valeur !

Sur l'irrégularité première qui entachait le nouvel impôt et son organisme, se greffait dès le début cette deuxième irrégularité : donner le fermage à un groupement de hasard, qui ne réunissait ni comme composition ni comme nombre, les conditions requises. Chose logique, d'ailleurs, car on ne conçoit pas l'irrégularité poursuivant une route régulière. Ici encore, nous continuons à être convaincus que ces faveurs, pour illégales qu'elles soient, sont seulement le fruit d'une bienveillance particulière,

et nous regrettons seulement de ne pas connaître la cause de ces sentiments tout pater-
nels.

Quelque temps après, le syndicat arrivait à
vaincre les difficultés dernières, et en faisant
appel à quelques autres professions, en faisant
figurer certains de ses membres en double
exemplaire, comme fabricants d'explosifs et
comme poudriers ou comme fabricants de
mèches ou de capsules, par exemple, le syndicat, disons-nous, parvenait, en apparence du
moins, à atteindre ce fameux *quorum*, cau-
chemar de tous les groupements constitués,
qu'ils soient politiques ou financiers. Il réunissait 45 membres, chiffre qui, si l'on tient
compte des doubles emplois, aurait dû être
ramené à 41. Troisième irrégularité. Mais pas-
sons.

Les opérations commençaient, et alors il se
passait ceci :

Le syndicat payait 400,000 piécettes à l'État,
ce qui, pour une consommation totale d'environ 4 millions de kilogr. représentait 0 fr. 10
cent. par kilogr.

D'où il suit que, pour les marchandises provenant de la fabrication de ses membres, l'impôt était réduit à ce chiffre de 0 fr. 10 cent., et que sur les marchandises des non-syndiqués, le groupe touchait 0 fr. 90 cent. nets par kilogr. En d'autres termes, l'écart entre les débours et les recettes représentait un bénéfice de 900 pour cent.

900 pour cent pris à l'État, et prélevés sur la vaillante et rude industrie minière d'Espagne, qui supportait ainsi les conséquences du coup de crayon donné dans un coin de ministère par quelque filou administratif en manches de lustrine.

CHAPITRE IV

Défilé et quadrille ministériel.

Cette exploitation dura quelque temps. M. Gamazo, à force de mettre de l'équilibre dans ses budgets, n'en avait pas gardé pour lui-même et était tombé. Des murmures s'élevaient et grandissaient dans certains milieux. L'histoire du coup de crayon se répandait, et l'on commençait à demander, en vertu du principe de la solidarité ministérielle, des explications à M. Salvador, qui avait remplacé M. Gamazo. Les ministres, en général, ont déjà, sous le régime parlementaire, assez à faire de justifier leurs propres actes. Aussi sont-ils fort peu jaloux d'assumer les responsabilités encourues par leurs prédécesseurs.

M. Salvador opposa aux interpellateurs tous les moyens dilatoires de la procédure parlementaire. Mais il ne put empêcher la courageuse entrée en scène de MM. Osma. Ruiz et Garcia Alix. qui. passant par-dessus la tête de M. Salvador. mirent son prédécesseur sur la sellette. L'opposition. ainsi campée sur le ferme terrain du droit et de l'équité. avait beau jeu. M. Gamazo se défendit avec une énergie mal servie par la faiblesse de sa cause, et invoqua des arguments qui provoquèrent les sourires de ses amis eux-mêmes : c'est ainsi qu'il déclara que. si l'impôt sur les explosifs avait été élevé à une piécette (sans s'expliquer d'ailleurs sur les circonstances de ce changement) l'impôt sur la poudre de chasse avait été, en revanche, abaissé de 0 fr. 50 à 0 fr. 40 cent. C'est à peu près comme s'il eut dit : Il est vrai que le prix du pain a été triplé. mais les babas coûtent un centime de moins !

Quant à M. Salvador. il avait vu de près le dangereux marécage où il risquait de s'embourber. Il estima qu'à tout perdre. une chute était préférable à l'enlisement. Enfermé. comme on dit au parlement français. dans le dilemme. de se brouiller avec ses amis ou d'aller à l'encontre du sentiment public. n'ayant plus la ressource recommandée dans les doutes fâcheux.

et qui consiste à s'abstenir, il guetta le moment de perdre l'équilibre à son tour. Il le trouva sur une question de laine, et laissant le Syndicat tondre l'industrie minière, il tomba sans se faire de mal, sur les mains. Il en fut quitte pour se les laver, ce qui, dans la circonstance, le fit ressembler à Ponce-Pilate, avec cette différence toutefois que, sur les trois condamnés dont le proconsul romain s'était ainsi désintéressé par une parabole en action, il y avait un juste et un bon larron.

Malheureusement, la politique de Ponce-Pilate n'a jamais passé pour une politique de solutions précises. Après M. Salvador vint M. Canalejas, qui se trouva aux prises avec les mêmes difficultés.

D'autre part, la situation du nouveau ministre — qui avait été un moment l'avocat du syndicat, — rendait sa position délicate au point de vue de l'affaire des Explosifs. Sous peine d'être taxé de partialité, il se devait à lui-même de prendre un parti très net. Il le fit, avec tact et promptitude : il provoqua la révocation du contrat de fermage, considéré comme attentatoire aux intérêts de l'État, et ramena l'impôt au chiffre normal prévu par le projet de loi avant le vote surpris à la Chambre, puis, suivant dans sa retraite le cabinet libéral Sagasta, passa la main à M. Navarro Reverter, ministre des finances du Cabinet conservateur Canovas.

Ainsi, c'est l'opposition conservatrice qui a dénoncé l'affaire des Explosifs. C'est elle qui a pris en mains, *ipso facto*, les intérêts de l'industrie minière exploitée. Or, voici les conservateurs au pouvoir. On peut être tranquille : justice sera faite. Les conservateurs auront à cœur de réprimer les abus signalés par eux, et de réparer les préjudices causés à l'État comme aux industriels.

On peut être tranquille ?

Nous allons voir.

Le ministère part bravement en guerre. L'ancien traité d'affermage annulé ne sera plus donné à une corporation déterminée, pour une somme fixée. Il sera mis en adjudication publique, procédé honnête et équitable qui concilie sans contestation la légitimité d'une concession et les intérêts de l'État. En outre, le Cabinet ordonne des poursuites contre le Syndicat accusé d'avoir perçu indûment des sommes qui devaient faire retour à l'État, le Fiscal fait ses comptes, et lui réclame trois millions et demi de piécettes. L'aurore de la justice va se lever.

CHAPITRE V

Adjudications à répétition, système Reverter.

On procède à une adjudication.

L'ancien Syndicat fermier, qui a ses raisons pour ne pas désespérer de l'avenir, se met sur les rangs. Outre le naturel et légitime désir de faire une affaire qui, même réduite à ses proportions normales, est encore une bonne affaire, il tient essentiellement à recouvrer sa situation de fermier. Il y tient parce que, outre le prestige de détenir une délégation d'autorité régalienne, il voit dans l'exercice du fermage un instrument puissant de concurrence et la possibilité de tracasser jusqu'à découragement complet les fabricants non syndiqués ; parce qu'il espère y trouver enfin une sorte de réhabilitation morale et un moyen de défense en vue du procès qui lui est intenté.

Le Syndicat dépose donc une soumission

de 602.000 piécettes. Notons en passant qu'il offre ainsi, pour toucher l'impôt de 0 fr. 30 cent. par kilogr., 200.000 piécettes de plus qu'il ne payait pour encaisser l'impôt *d'une piécette!* Cela seul suffirait à édifier l'esprit le plus prévenu sur la moralité du premier contrat.

Or, un autre groupe de fabricants, soutenu par une société prospère et déjà concessionnaire d'un autre important fermage de l'État, se met en ligne. Sa soumission cachetée une fois ouverte, on y trouve une offre de 675.000 piécettes.

Que va faire le Cabinet conservateur?

Il va remercier le Ciel qui le délivre du Syndicat primitif, et donner avec joie le fermage au plus fort soumissionnaire?

Pas du tout. Il annule l'adjudication, sous un prétexte de procédure et annonce qu'il sera procédé à de nouvelles soumissions.

Le Syndicat s'acharne. Il connaît maintenant le chiffre proposé par ses adversaires. Il le dépassera dans une large mesure. Il dépose une nouvelle soumission. Le groupe concurrent en fait autant. On les ouvre. Le Syndicat a offert 702.500 piécettes. Mais l'autre Société détient encore ce record d'un nouveau genre, et elle le détient de plusieurs longueurs, car elle offre, elle, 751.000 piécettes.

Cette fois, c'est fini : il n'y a pas de procédure à invoquer, les choses se sont passées régulièrement, même pour les casuistes les plus scrupuleux : les chiffres sont définitifs, le Syndicat est battu, et...

... et l'adjudication est encore une fois annulée, sous prétexte que le fisc trouve la somme la plus forte encore insuffisante!

Et les choses en restent là pour l'instant.

Ainsi voilà un impôt qu'on a affermé pour 400.000 piécettes alors que les droits étaient de une piécette par kilogr. et qu'on refuse d'affermer pour 751.000 piécettes lorsque les droits ont été réduits des deux tiers! Il nous semble parfaitement inutile d'insister sur cette... mettons anomalie, — que nous expliquerons d'ailleurs tout à l'heure en deux mots.

CHAPITRE VI

La justice et la peur.

Pendant ces opérations, le procès, de son côté, suivait son cours, et le Fiscal continuait à réclamer énergiquement les trois millions et demi de piécettes indûment perçus par le Syndicat. A la bonne heure. Si l'administration se montre complaisante, la justice, elle, ne désarme pas. De ce côté-là, du moins, la conscience publique aura satisfaction.

Or, voyez un peu comme la fatalité s'en mêle : une épidémie se mit à sévir sur les avoués du Syndicat. Les vacances interviennent, les empêchements se succèdent. La cause est remise d'audience en audience, d'abord à des dates rapprochées, puis à des époques plus lointaines. Puis enfin au 19 novembre dernier. Et ce jour-là, elle est encore ajournée : mais cette fois, sans fixation de délai : et le bruit court, sans être démenti, que ces atermoiements indéfinis masquent des négociations qui se poursuivent sous le manteau pour arriver à une transaction! à une transaction, dans une affaire où il y a, d'après le langage officiel lui-même, une atteinte flagrante aux intérêts de l'État. Dans une affaire ou, au-dessus de l'intérêt civil, il y a, pour ne rien dire de plus, surprise de la religion du parlement. Dans une affaire où il y a falsification de texte et mépris absolu de la légalité! Il n'est pas admissible que l'Espagne soit le seul pays civilisé où un tel procès puisse aboutir à une transaction, c'est-à-dire à une capitulation honteuse des droits de l'État et de la justice devant des intérêts électoraux ou politiques.

Car, la voici l'explication que nous promettions tout à l'heure. Le secret de l'inertie de l'État dans la répression, et de sa partialité dans les adjudications, est tout entier dans l'intervention d'une puissante personnalité politique, qui occupe au parlement une haute situation, et qui compte dans son fief électoral trois des fabriques les plus influentes du Syndicat. C'est sous la pression exercée par ce haut personnage sur le cabinet conservateur qu'il faut chercher les raisons du désarmement d'hommes dont le parti, avant d'être au pouvoir, dénonçait hautement la fraude et en exigeait impérieusement le châtiment. Et le secret de cette capitulation, comme celui de toutes les capitulations, c'est la peur. — La peur politique, qui est la plus méprisable des peurs.

CONCLUSION ET MORALITÉ

Is fecit cui prodest

Et maintenant, nous nous résumerons très brièvement :

Une loi a été falsifiée. En vertu de son texte altéré, on concédait, à un syndicat illégalement constitué, moyennant deux millions et demi pour six ans, le fermage d'un impôt qui devait en produire vingt-et-un dans le même temps. Soit dix-huit millions et demi en perspective.

Il est difficile d'admettre qu'un tel bénéfice, accordé au mépris des règles les plus simples de l'honnêteté parlementaire, l'ait été gratuitement.

Et la preuve, c'est que tous les pouvoirs qui se sont succédé, à quelque parti qu'ils appartinssent, se sont ligués pour arrêter les répressions et soutenir les coupables, même dans leurs tentatives de reprendre au moins une situation morale. Or, quand les hommes politiques se retrouvent ainsi d'accord, malgré haines et doctrines, on peut être sûr, — et nous en avons eu des exemples ailleurs qu'en Espagne, — que c'est pour dérober au public un de ces honteux mystères que les politiciens les plus férocement divisés, s'emploient à voiler avec ensemble, soit en vertu d'une sorte de pudeur corporative, soit par crainte de faire lever des serpents en jetant des pierres dans la mare aux grenouilles.

Et il est triste de conclure que ceux qui se lavent les mains sont encore les plus propres.

Dans la présente brochure, nous avons seulement esquissé les grandes lignes de la question. Dans un prochain travail, nous préciserons les faits, et nous établirons les responsabilités.

Paris. — Imp. G. Jeulin et Cⁱᵉ, 65, rue Sainte-Anne